기억하고 생각하는 인공지능

조영환, 조재훈

인간 기억의 본질적인 면을 보여주는 인공지능 시스템

기억하고
생각하는
인공지능

조영환, 조재훈 지음

모든 것은 작은 기억에서 시작되었다.

영화 「her(허)」를 꿈꿔 본 일이 있습니까?
사만다(Samantha)의 처음 대사가 생각납니다.

"안녕! 나 왔어."

"안녕, 어떻게 지냈어?"

"아주 잘 지내. 정말 반가워."

인공지능 사만다는 어떻게 작동할까요?

인공지능이 사만다같이 자연스러운 대사를 하려면 무엇이 필요할까요?
사만다는 기억을 활용하는 인공지능입니다.
기억하는 인공지능 시스템은 인공지능의 기억에 대하여 다시 돌아보게 합니다.

기억을 하려면, 누구의 기억인지를 구분해야 합니다.
기억을 사용하는 인공지능 시스템은 인간 기억의 본질적인 면을 보여줄 수도 있습니다.

기억하는 인공지능 시스템이 가동될 수 있으면, 부가적으로 주는 이점
은 무엇일까요?

인공지능 시스템의 효율성도 상승시킬 수 있을 것입니다.
기억하는 인공지능은 막대한 에너지(전기)를 필요로 하지 않습니다.
그 외에도 장점은 많습니다.

목차

## 01

시작

요즘은 세상은 온통 AI(인공지능)의 바람에 휩싸여 있다.

그래서 뭔가를 기대하고, 챗GPT에게 취업용 자소서를 써달라고 해봤다.

과연 그 거대한 데이터로부터 무엇을 생성해 낼 수 있을까?

인공지능은 어떤 특성을 가지고 있는지 챗GPT에서 생성한 자소서 예를 보면서 한 번 알아보도록 한다.

자기소개서

성명: 홍길동
지원 분야: 연구원
전공: 물리학
학력: 대졸

1. 성장 과정 및 성격

저는 차분하고 침착한 성격으로, 문제를 분석하고 해결하는 것을 즐깁니다. 어릴 적부터 수학과 과학에 대한 깊은 흥미를 가지고 있었으며, 이러한 관심은 자연스럽게 물리학 전공으로 이어졌습니다. 대학 시절, 복잡한 수학 문제를 차분하게 풀어가는 과정에서 깊은 만족감을 느끼며, 연구 분야에서 꾸준히 성과를 내기 위해서는 침착함과 끈기가 중요하다는 것을 깨달았습니다.

---

2. 학업 및 연구 경험

대학교에서 물리학을 전공하며 반도체와 관련된 여러 과목을 수강하고 연구 프로젝트에 참여했습니다. 특히 반도체 물질의 특성과 나노기술에 대한 연구에 큰 관심을 가졌습니다. 학부 연구생 시절, 반도체의 전도 특성에 대한 연구 프로젝트를 수행하면서 데이터 분석 능력과 실험 설계 능력을 키웠습니다. 이 경험을 통해 반도체 연구의 깊이와 가능성에 대해 알게 되었고, 2나노 기술에 대한 깊이 있는 연구를 하고 싶다는 열망을 갖게 되었습니다.

3. 지원 동기

귀사는 반도체 기술의 선두주자로서 혁신적인 연구를 지속하고 있는 것으로 알고 있습니다. 특히, 2나노 기술 개발에 대한 귀사의 연구는 저의 관심 분야와 정확히 일치합니다. 대학에서 쌓은 물리학 지식과 연구 경험을 바탕으로 귀사의 연구원으로서 기여하고 싶습니다. 새로운 기술을 탐구하고, 혁신적인 결과를 도출하며, 세계 반도체 산업의 발전에 기여하는 것이 저의 목표입니다.

4. 장점 및 포부

저의 가장 큰 장점은 차분하게 문제를 분석하고, 체계적으로 접근하는 능력입니다. 이러한 성격은 연구원으로서 복잡한 문제를 해결하고, 새로운 연구 과제를 수행하는 데 있어 큰 강점이 될 것입니다. 또한, 끊임없는 학습과 자기 계발을 통해 최신 기술 동향을 파악하고, 이를 연구에 적용할 수 있도록 노력할 것입니다.

귀사의 일원으로서 반도체 연구에 기여하고, 나아가 글로벌 반도체 산업의 발전에 일조하고 싶습니다. 앞으로도 차분하고 끈기 있게 연구에 임하며, 항상 혁신적인 사고로 새로운 가능성을 모색하겠습니다.

감사합니다.

홍길동 드림

최신판 챗GPT의 최신판에서 생성해 준 자기소개서이다. 이것을 평가하려고 하는 것은 아니고, 그 특성을 위주로 한 번 보도록 한다.

인간에게 있어서도 자소서는 먼저 정체성이 확립되어 있어야 올바르게 쓸 수 있다.

마찬가지로 인공지능도 정체성이 확립되어 있을 필요가 있다.

그러면 서로 교감이 생길 수도 있다. 그때는 자소서가 좀 더 나아질 수 있지 않을까 한다.

이 자소서는 나(요청인)의 특성을 효과적으로 나타내지 못하고 있다. 좀 톡톡 튀는 자소서를 원했는데, 전반적인 느낌은 일률적인 표현이 많다.

자소서는 특성상 생성이 어려운 분야이긴 하다.

그러나 이것은 자소서가 아닌 다른 과제물을 처리하는 데 있어서도 마찬가지이다. 인공지능은 그 처리 과정을 알 수가 없다.

그래서 가능하다면, 우리는 정체성이 확립된 인공지능의 소리를 듣고 싶은 것이다.

과연 **인공지능의 정체성**이란 무엇일까?

○○○

## 02

정체성으로의 접근

정체성(正體性:identity)이란 무엇일까?

정체성의 사전적인 의미는 다음과 같다.

"변하지 않는 존재의 본질을 깨닫는 성질. 또는 그런 성질을 가진 독립적 존재."

그러나 여기에서는 이러한 사전적(철학적)인 의미보다는 내 앞에 있는 상대방에 대한 다음의 질문이 더 현실적으로 다가올 것 같다.

"도대체 너의 정체가 뭐야?"

상대방의 정체를 이해하려면, 나 자신의 정체도 파악해야 서로 비교 구분이 가능하다.
"너 자신을 알라!"가 되겠다.
이제 당신의 정체를 파악하고 기억하는 과정을 하나씩 더듬어 나가보도록 한다. 우리가 태어나서부터 주변으로부터 전해지는 우리 자신의 본연의 모습을 하나씩 이입시켜 본다.

정체성의 모습이 하나씩 나타나기 시작했다면, 과연 이것을 인식한다는 것은 어떤 양상을 보이게 되는 것일까?

이제 우리에게 가장 본질적인 요소인 '이름'에 대해 알아본다.
실제 이름은 어떻게 부여되는지 한번 시행해 본다.

"영수의 이름은 영수이다." 이렇게 상대방이 기억하게 하고서,
"영수의 이름은 무엇일까요?" 라고 물어본다면
"영수의 이름은 영수입니다." 라고 대답한다.

'영수'라는 이름을 지어 주는 순간, '영수'라는 이름으로 존재한다.
이 순간부터 영수라고 불러 줄 수 있다.
그러므로 그 순간에 영수의 이름이 영수가 되는 것이다.

이로써 산은 산이고, 물은 물이고 영수는 영수인 것이다.

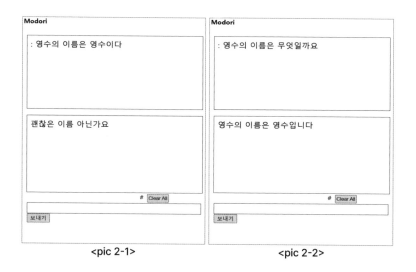

<pic 2-1>   <pic 2-2>

여기에서 앞에 나오는 '영수의'에서 '영수'는 본질적인 이름이다.
뒤에 나오는 이름 '영수이다'에서의 '영수'는 피상적인 이름이다.

만약에 등록되지 않은 "영자"의 이름을 물어보면, 다음과 같이 찾을 수 없다고 나온다.

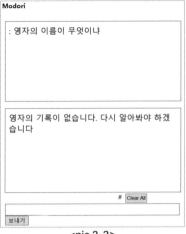

<pic 2-3>

영수의 정체를 하나씩 알려 주어서 기억화시켜 보기로 한다.

"영수는 남자이다." 라고 알려 주고 아래와 같이

"영수가 여자이냐?" 라고 물어본다.

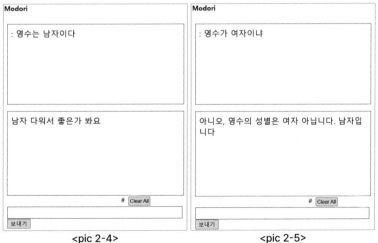

<pic 2-4>   <pic 2-5>

이번에는 전화번호를 알려 준다.

"태희의 전화번호는 012-1112-2233이다."라고 알려 준다.

그러면 태희의 전화번호를 물어볼 수 있다.

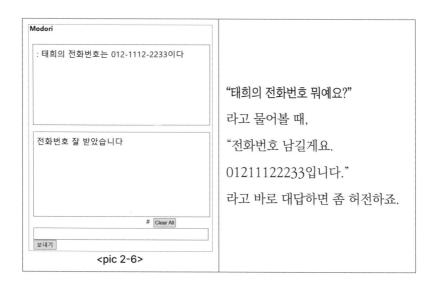

<pic 2-6>

둘이서 개인적으로 나누는 대화에서 전화번호는 중요한 것이다.

이렇게 대화가 실질적으로 이루어지려면, 기억하고 있는 여러 가지 정보를 알아내서 처리하는 것이다.

여기서 보여 주고 있는 것은 다음과 같다.

> **1단계:** 정보를 알려주고 기억할 수 있도록 한다.
> **2단계:** 그 정보를 찾아와서 활용할 수 있도록 한다.

대부분 이러한 개인정보를 다룰 때 조심스럽게 접근할 것이다.

이러한 정보에 바로 접근할 수 있도록 알려 주는 것은 너무 호락호락하게 보일 수도 있다. 그래서 부드럽게 검토하는 과정을 둘 수도 있다.

"전화번호 뭐예요?"라고 물어볼 때 바로 대답해 주는 것은 분위기상 자연스럽지 않게 느껴질 수 있다. 주어인 이름이 생략된 질문인데, 이것은 상대방(AI)의 전화번호를 물어본 것이다.

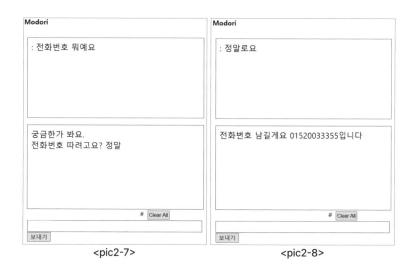

<pic2-7>   <pic2-8>

위에서는 '이름', '성별', '전화번호'를 기억시켜 보았다.

여기까지는 조각으로 저장된 기억의 겉으로 드러난 외형상의 모습이었다.

기억이 인공지능의 내부에서는 어떻게 처리되고 있는 것일까?

다음부터 한번 실험해 보도록 한다.

## 03

예문 시연 방법, 화면 설명

다음은 여기에 나오는 예제를 실제로 시연해 보기 위해서 간단한 사용법을 보도록 한다. 다음은 www.sophistai.com에 접속하여 시연할 수 있는 화면의 사용법이다.

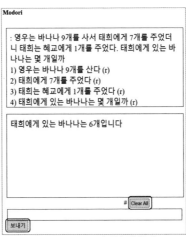

<pic3-1> 모도리 입출력 화면

| 보내기 | 버튼은 자료 입력이다.

보내기 위의 칸에 내용을 쓰고 누르면 입력된다.

| Clear All | 버튼은 임시 기억 지우기이다.

하나의 과정이 끝나면, 다음 과정에서도 기억이 남아 있으므로 새로 시작할 때는 임시 기억을 지워줘야 한다.

임시 메모리가 꽉 차면 보내기를 할 때 임시 기억을 지우는 작업을 내부적으로 시행하기도 한다.

※ 이것은 개발용입니다. 예제 위주로 조금씩 변형해서, 시험해보시기 바랍니다.

04

기억의 방: 12개의 작은 칸: 조각 기억

사람은 문장을 기억할 수 있다. 그렇다고 문장을 암기하듯 통째로 기억하는 것은 아니다. 인간이 어떻게 기억화하는지는 모르지만, 그 양상을 스스로 머릿속에 그려볼 수는 있을 것 같다.

기억의 방은 작은 칸(셀), **칸 12개**를 한 단위로 하여서 구성되도록 하였다.

다음의 문장을 기억의 작은 칸에 하나씩 나누어 넣어 보면 다음과 같다.

"영수의 이름은 영수이다."

기본적인 기억화 배열은 다음과 같이 설정한다.

이것은 12개의 작은 칸에 다음과 같이 부여한다.

1	주체(소유자)	영수
2	(대상(물건))	
3	(변동 수량)	
4	(발생 수량)	
5	(수량의 단위)	
6	발생 반복도	1
7	대상(객체)	영수
8	문장 매개변수	IVII00000VIM
9	(예비)	
10	장소	
11	시간	|2023110616:04
12	문장 모양새(T7)	000000000000000|영수이다

12개의 작은 칸으로 이루어진 위의 방을 여기서는 '**조각 기억**'이라고 부르기로 한다.

기억화시킨 내용의 배열의 특성을 이해하기 위해서, 이 기억을 찾아서 사용하는 과정을 알아보도록 한다.
우리는 기억을 활용하기 위하여 기억화시키는 것이다. 기억 자체보다는 기억을 어떻게 활용할 것인가에 더 중점을 두게 되는 것이다.

이제 인공지능이 문장을 기억화시키고(encoding), 기억을 다시 찾아보는(decoding) 과정을 진행해 본다.

영수의 주소에 대해서도 다음과 같이 문장을 기억화시켜 본다.

"영수는 경기도 분당에 산다."

12개의 작은 칸에 다음과 같이 들어가도록 한다.

1	주체(소유자)	영수
2	(대상(물건))	
3	(변동 수량)	
4	(발생 수량)	
5	(수량의 단위)	
6	발생 반복도	1
7	대상(객체)	경기도 분당
8	문장 매개변수	IVOA00000VER|살다
9	(예비)	
10	장소	분당
11	시간	|2023110709:58
12	문장 모양새(T7)	000000000000000

이제 다음의 질문을 해 본다.

"영수는 어디에 사느냐?"

위에서 기억의 방에서 기본적인 부분은 [1], [7], [8]번 칸으로 연결한다.

[1]	주체(소유자)	영수
[7]	대상(객체)	경기도 분당
[8]	문장 매개변수(동사)	IVOA00000VER

Modori

: 영수는 경기도 분당에 산다

어쨌든 살만하겠죠

\# [Clear All]

[보내기]

<pic 4-1>

Modori

: 영수는 어디 사느냐

영수는 경기도 분당 삽니다

\# [Clear All]

[보내기]

다른 유형의 질문을 할 수도 있다.

"영수는 서울 사느냐?"

위에서 기억의 방에서 기본적인 부분은 [1], [7], [8]번 칸으로 연결하여 확인한다.

[1]	주체(소유자)	영수
[7]	대상(객체)	경기도 분당
[8]	문장 매개변수(동사)	IVOA00000VER

[7]번 '경기도 분당'이 사는 곳인데,
'서울 사느냐'고 물었으므로 대답은 '아니오'가 된다.

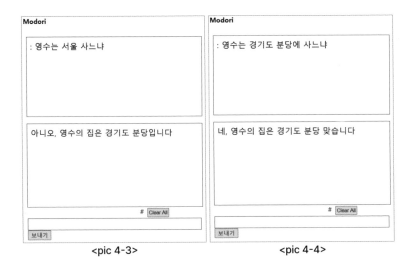

<pic 4-3>   <pic 4-4>

## 05

기억의 모임: 공유연결

기억의 형성 과정: 기억화

기억이 처음에는 어떻게 진행될까?

기억이 하나 생긴다. 조각 기억이다.

또 하나의 기억이 생긴다.

또 다른 하나의 기억이 생긴다.

이렇게 기억이 많아지면 어떻게 될까?

하나의 기억은 12개의 칸으로 구성된 배열로 기억화시키면서 시작된다. 이제 조금은 특별하고 열정적인 경험을 느껴보도록 한다.

"나는 네가 참 좋다."

이것이 젊은 남녀 간의 표현이라면, 그 의미는 남다른 것이 된다.

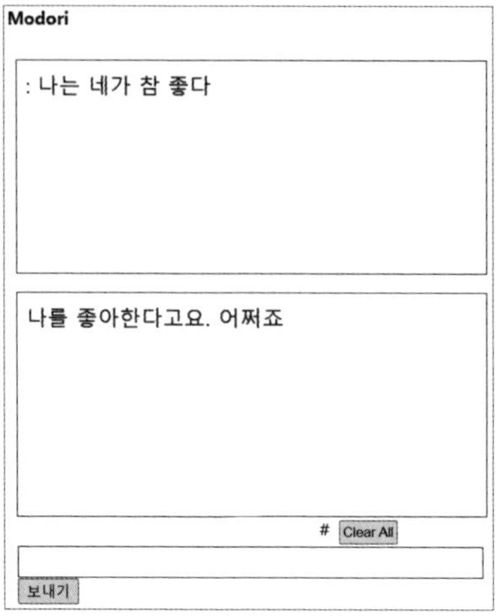
Modori
: 나는 네가 참 좋다
나를 좋아한다고요. 어쩌죠
Clear All
보내기
<pic5-1>

1	주체	나나 (나)
2	(대상(물건))	
3	(변동 수량)	
4	(발생 수량)	
5	(단위)	
6	발생 반복도	1
7	대상(개체)	모도리 (너)
8	문장매개변수	VJOILIK00000
9	(예비)	
10	장소	
11	시간	|2022022915:02
12	문장 모양새(T7)	000000852000000 |좋다

이것도 12칸의 작은 조각 기억으로 시작한다.

이 기억을 배열로 보여 주면 다음과 같다.

```
m3VVJIMemY2[1][0]=1

m3VVJIMemY2[1][1]=나나

m3VVJIMemY2[1][2]=

m3VVJIMemY2[1][3]=0

m3VVJIMemY2[1][4]=0

m3VVJIMemY2[1][5]=

m3VVJIMemY2[1][6]=1

m3VVJIMemY2[1][7]=모도리

m3VVJIMemY2[1][8]=VJOILIK00000

m3VVJIMemY2[1][9]=0

m3VVJIMemY2[1][10]=

m3VVJIMemY2[1][11]=|2024022915:02

m3VVJIMemY2[1][12]=000000852000000|좋다|MMA0
```

위와 같은 배열의 형태는 데이터베이스로 저장할 수도 있다.

이렇게 12개의 칸을 가진 배열 하나하나가 **'조각 기억'**이다.

실제 사용하는 것은 위와 같은 배열의 형태이다.

　내가 너를 좋아한다는 것은, 감정적으로 놀라운 느낌을 가져올 수도 있다. 나와 너는 중요한 관계가 되는 것이다.

이런 조각 기억은 단순한 기억보다 더 중요한 다음 단계의 기억으로 넘어가게 된다.

## 06

여러 조각 기억이 합쳐진 정체성 기억

"나는 네가 참 좋다."

이 문장의 조각 기억을 다시 요약하여 표시하면 다음과 같다.

[1]	주체(소유자)	나나
[7]	대상(객체)	모도리(너)
[8]	문장 매개변수(동사)	VJOILIK00000 (좋다)

이 조각 기억이 특별한 기억이 되면, 다음 단계의 기억을 형성하게 된다. 그것이 정체성 기억이다.

이제 위에서 다룬 여러 가지의 정체성과 다시 연결을 해 본다.
처음에 정체성을 이야기할 때는 이름, 성별, 전화번호, 주소를 기억화하여 보았다.

특별한 조각 기억이 쌓이고, 합쳐져서 한 단계 더 나아간 배열의 기둥을 형성하게 된다.
다음과 같은 유형의 정체성 기억이 형성됨을 볼 수 있다.

여기에는 좋아하는 사람의 이름도 들어가게 된다.

msUser[1]: 1번은 사용자이다.

0	*alias*	나나
1	성별	남자
2	나이	27
3	이름	U101
4	고향	서울 송파
5	현주소	경기도 성남
6	생년월일	19970101
7	재산	100,000,000원
8	전화번호	012-345-6789
9		
10	좋아하는 사람	모도리
11	*사랑하는 사람*	
12		

정체성의 형성은 하나의 인간성을 만들어 가는 과정이라고 할 수 있다.

나에 관한 정체성은 항목별로 일단 나에게 자세하게 형성된다.
그러나 나와 가까운 사람들에게도 상당 부분 공유되어 있다.
오히려 나와 가까운 사람들이 갖고 있는 나에 관한 기억이 객관적으로 본
나의 모습일 수도 있다.

내가 좋아한다고 했었던 인공지능에게

"나는 네가 좋을까?"라고 반문한다면 어떻게 반응할까?

내가 좋아한다고 얘기해 주었기 때문에, 정체성 기억으로 기억하고 있는

사실을 기반으로 다음과 같이 따지고 들 것이다.

"좋아하잖아요. 왜 그래요?"

Modori		
: 나는 네가 좋을까		
좋아하잖아요. 왜 그래요		
# Clear All		
보내기		
<pic 6-1>		

0	alias	나나
1	성별	남자
2	나이	27
3	이름	U101
4	고향	서울 송파
5	현주소	경기도 성남
6	생년월일	19970101
7	재산	100,000,000원
8	전화번호	012-345-6789
9		
10	좋아하는 사람	모도리
11	사랑하는 사람	(없음)
12		

기억을 찾아올 때,

1단계로 정체성 기억에서 찾아본다.

정체성 기억에 없으면 그다음에는 조각 기억에서 찾아본다.

나(user)의 정체성 기억은 가깝고 친한 사이에서는 함께 공유되기도 한다.

정체성이 형성되면, 여기에 따라 공허하지 않고 영혼이 함께하는 실질적 사고가 가능해진다.

다음과 같이 좋아하는 사람이 없어서 그 조각 기억의 칸이 비어 있을 경우에는, 좋아하는 사람의 칸이 비어 있는 상태에서 나타나는 표현을 이끌어 내게 된다.

Modori				
: 너는 나를 좋아하냐		0	*alias*	모도리
		1	성별	여자
		2	나이	25
		3	이름	모리
		4	고향	경기도 수원
궁금한가 봐요. 글쎄요		5	현주소	경기도 일산
		6	생년월일	19990101
		7	재산	120,000,000원
		8	전화번호	012-234-5678
		9		
# Clear All		10	좋아하는 사람	(없음)
보내기		11	사랑하는 사람	(없음)
<pic6-2>		12		

"너는 나를 좋아하냐?"란 질문에 대답할 경우에 단순히 좋아하는 사람이 있다, 없다 하는 사실보다 어떤 개인의 기분, 감정 상태, 날씨 등 여러 기억이 총동원되어 복합적인 여과를 거친 절묘한 대답이 나오게 된다.

"궁금한가 봐요. 글쎄요."

이것은 기억의 '공유연결'이다.
그다음으로는 감각적인 요소가 함께 얽히게 된다.

또 하나의 기억: 감각적 느낌

"나는 너를 좋아하는데"라는 말을 했을 때
이것은 감각적 기억에 더 뚜렷하게 자리 잡게 될 것이다.

느낌도 조각 기억이 될 수 있다.
감각적 정서(情緖)는 여러 가지가 있을 수 있으나, 몇 가지만 구분하여
보면 다음과 같다.

이것은 숫자(1~9)로 표시한다.

m3UWELF[][]

구분	[1] 기분	[2] 사랑	[3] 호감	[4] 긍정	[5] 건강	[6] 재정
user[1]	7	5	7	8	8	7
AI [2]	7	5	7	7	7	6

생각은 여러 기억을 종합하여 여과하여 나가지만, 감각적 느낌이 제일
많은 영향을 줄 수 있다.
이때 느끼는 감정은 다시 기억화시키는 데에도 큰 영향을 미칠 수 있다.

기억의 지속 유지

어떤 사항을 기억화시키게 되면 이 기억은 일단 임시 메모리에 자리 잡고 있게 되는데, 이것은 금방 사라질 수 있으므로 기억을 유지시키는 과정이 필요하다.

이것은 db로 저장할 수도 있지만, 처음부터 무조건 다 저장하는 것은 효율적이지 못하다. 임시 메모리에서 여러 가지의 기억을 유지시키고 있으면, 필요할 때 바로 빠르게 연결하여 찾아올 수 있다.

일반적으로는 웹의 서버와 클라이언트에서 사용하는 환경이 많으므로 웹에서 이것을 구현하여 보면 다음과 같다.

임시 메모리의 기억은 서버 쪽에서 클라이언트로 보내면, 서버 쪽에는 남아 있지 않게 된다. 다시 클라이언트 쪽에서 새로 입력을 받은 것과 함께 합쳐서 서버 쪽으로 임시 메모리 기억을 보내줘서 처리하도록 하고 있다.

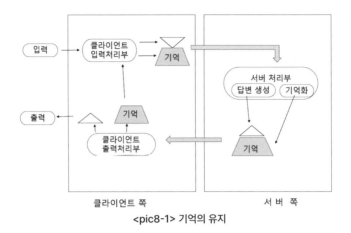

클라이언트 쪽   서 버 쪽

<pic8-1> 기억의 유지

이 기억화된 배열은 하나의 긴 문자열로 합쳐져서 서버에서 클라이언트 쪽으로 보내면 클라이언트에서는 기억화된 문자열을 새로 입력된 부분과 합쳐서 다시 서버 쪽으로 함께 돌려보낸다.

이때 기억화되어 합쳐진 배열을 사용하기 위해서는 다시 나누어야 하는데, 이것을 처리해 주는 과정(decoding, 해독)을 거치게 된다.

배열을 문자열로 합쳐서 보냈다가 받아서 다시 나누어서 사용한다.

이것은 웹 환경에서 처리하는 방식이다. 대화의 내용과 기억화된 내용이 합쳐져서 같이 다닌다. 현실에서 우리가 대화할 때도 마찬가지일 것 같다. 우리도 대화로 표현하는 말과 함께, 기억화된 내용도 함께 느낄 수 있는 것이다.

인공지능의 오래된 조각 기억은 db에 저장할 수 있다.

이 db는 사용자(user) Id의 db이다.

즉, 사용자마다 다르게 특화되어 대응하는 인공지능의 기억을 사용자(user)의 db에 생성하는 것이다.

물건을 주고받기 (이동)

약 5,000년 전에 인간이 최초로 만든 언어가 수메르의 쐐기문자이다.

이 최초의 문자로 처음 기록하기 시작한 것은 가축을 빌려줄 때 주고받은 숫자다.

당시에 이 문자는 두 사람이 양을 거래할 때, 오고 가는 양의 숫자를 파악하여 계약을 맺는 데 사용되었다. 문자 초기에는 물표(物標)를 사용하기도 하다가 발전하여 문자로서 자리 잡았다. 언어의 기본적인 기능은 이러한 것에서부터 시작된 것이다.

다음과 같이 보내고 받는 양의 숫자를 한번 파악해 본다.

"혜교는 영자에게 양 5마리를 보내주었다."
"영자에게 있는 양은 몇 마리일까?"

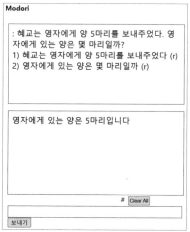

<pic9-1>

세상에는 오고, 가는 것이 너무나도 많다.

돈이 오고 갈 수도 있고

사랑을 주고받을 수도 있다.

다시 생각해 낼 수 있게
기억화할 수만 있다면

물건을 이동시키는 경우에 물건의 이동을 올바르게 기억화시키는 것이
최대 관건이다.

제대로 기억된 상태의 배열이 만들어지기만 한다면 이를 파악하여 처리하
는 방법은 얼마든지 찾아낼 수 있다.

"혜교는 영자에게 양 5마리를 보내주었다."

위 문장을 기억화하기 위해서는 배열에 적절히 배치하는 과정을 거쳐야
한다.

"혜교는 영자에게 양 5마리를 보내 주었다."

문장은 하나이지만, 등장인물은 둘이라는 것을 알 수 있다.

이제 둘 사이의 이동 관계를 다음과 같이 배열로 정리해 본다.

	주는 사람				받는 사람	
1	주체	혜교		1	주체	영자
2	(대상(물건))	양		2	(대상(물건))	양
3	(변동 수량)	5		3	(변동 수량)	-5
4	(발생 수량)	0		4	(발생 수량)	0
5	(단위)	마리		5	(단위)	마리
6	재고	-5		6	재고	5
7	대상(객체)	영자		7	대상(객체)	혜교
8	문장매개변수	VNTNCOSO0000		8	문장매개변수	VNTNCOSO0000
9	(예비)			9	(예비)	
10	장소			10	장소	
11	시간	|2022022915:02		11	시간	|2022022915:02
12	문장 모양새 (T7)	300000000000000| 보낸다		12	문장 모양새 (T7)	300000000000000| 보낸다

　여기서는 "혜교는 영자에게 양 5마리를 보내 주었다."라는 하나의 문장 안에서의 행위에서 주고받는 것을 파악하는 것이다.

그러므로 양쪽 다 동일하게 '주었다'는 행위의 적용을 받아 빼는 계산을 한다.

주는 사람과 받는 사람의 양의 숫자는 같으므로, 동일한 계산 방법을 적용하기 위해서는 오고 가는 숫자의 부호를 다르게 부여한다.

　영자는 이동 숫자가 5이고 빼는 계산을 하므로 줄어든다.

　혜교는 이동 숫자가 -5이다. 빼는 계산을 하면 숫자가 5 늘어난다.

0과 음수는 언어 발생의 초기에는 없던 개념이었다.

인공지능은 이 개념을 처음부터 적용할 수 있다.

위의 배열에서 보면 주는 경우에는 5, 받는 경우에는 −5로 표현하여서 주었는지 받았는지를 구분할 수 있다.

사람들이 처리하는 것과는 약간 다른 개념이라고 할 수 있다.

10

○ ○ ○

인공지능이 더 잘할 수 있는 부분도 있다

시작 부분에서 나온 질문을 다시 한번 보면 다음과 같다.

> **질문 1:** 영우는 햄버거 7개를 사서 태희에게 4개를 주었더니, 태희는
> 혜교에게 1개를 주었다. 태희에게 있는 햄버거는 몇 개일까?

이 문제는 초등학생이 풀 수 있을 정도의 쉬운 문제이다.

문제의 난도는 낮지만, 금방 계산하기 어려운 몇 가지 특이성이 있다.

1. 사람이 문제를 풀 때 예상할 수 있는 부분

질문에서는 3명이 등장하는데, 머릿속으로 3명에 대한 햄버거 이동 사항을 추적하는 것은 사람에게 있어서도 집중력을 떨어뜨리게 된다. 연필과 종이를 갖고 계산해 보지 않으면 잘못 풀 수도 있다.

어려운 문제는 아니지만, 질문을 읽어 주고, 바로 대답하라고 한다면 금방 풀기 쉽지 않다.

2. 인공지능은 다음과 같이 단번에 풀어낼 수 있다.

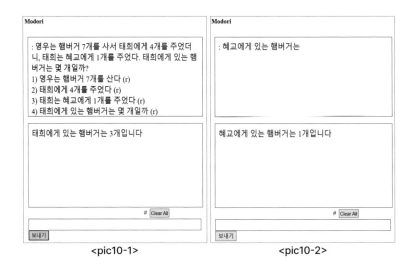

<pic10-1>   <pic10-2>

인공지능은 위와 같은 경우에 어렵지 않게 사람보다 잘 풀어낼 수 있는 부분도 있다.

차이점은 무엇일까?

- 사람은 문제를 다 훑어본 후에야 전체를 파악해서 계산을 시작할 수 있다.
- 인공지능은 문제의 과정마다, 그때그때 하나씩 계산을 해서 기억화시켜 놓을 수 있다.

이 간단한 문제를 단순하게 비교하여 보면 위와 같이, 인공지능이 더 잘 처리하는 부분이 있는 것을 볼 수 있다.

단순하게 위와 같이 비교하여 보면 그렇게 보일 수 있다.

우리는 그런 부분을 유용하게 활용할 수도 있다.

그렇지만, 좀 더 세밀하게 분석하여 보면 꼭 AI가 다 잘하는 것은 아니다.

1. 사람은 질문을 보고 한눈에 다음과 같이 문장을 구분하여 처리할 수 있지만, 인공지능에게는 쉬운 일이 아니다.

1) 영우는 햄버거 7개를 산다.

2) 태희에게 4개를 주었다.

3) 태희는 혜교에게 1개를 주었다.

4) 태희에게 있는 햄버거는 몇 개일까?

2. 위의 2)를 보면 생략된 부분이 있다.

2) "태희에게 4개를 주었다."는 문장은 원래 다음과 같은 것이다.

→ (영우가) 태희에게 (햄버거) 4개를 주었다.

사람의 뇌는 조각 기억이 서로 공유연결이 되어 있어서, 빠르게 생략된 부분을 찾아올 수 있다. 인공지능에서도 조각 기억이 서로 공유할 수 있도록 연결시켜 주어야 한다.

그 외에도 관련된 사항이 많은데, 문장을 구분하기와 생략된 부분을 찾아내기 등의 여러 가지 어려운 전제 조건을 해결해서 기억화시켜 줄 때 인공지능은 괜찮은 능력을 보여줄 수 있을 것이다.

11

기억의 미니멀리즘(minimalism)과 여백의 미

\<pic11-1\>
출처: https://gongu.copyright.or.kr/gongu/wrt/wrt/
view.do?wrtSn=13213598&menuNo=200018

기억이란 하나하나의 조각 기억을 공유하는 형태이고, 그 조각 조각은 각각 동사의 기본형같이 간결 명료하다.

예를 들어서 "나는 당신을 사랑합니다."를 나타내는 문장의 동사 변화 및 표현 형태는 수백에서 수천 가지가 될 수도 있다.

기억화할 때는 수많은 표현 양상을 정리하여서 간결 명료하게 조각 기억으로 기록한다.

다음같이 다양한 표현형도 기본 의미는 **"당신을 사랑한다."**로 동일하게 받아들일 수 있다.

표현 형태: 9가지

1. 의지	: 난 너만 사랑하겠다.
2. 권유(명령)	: 사랑해 주세요, 사랑하라.
3. 제안	: 뜨겁게 사랑합시다.
4. 의무(강조)	: 당신을 사랑해야 해요.
5. 추정	: 당신을 사랑하는 거 같아요.
6. 경험	: 사랑 한번 해 보죠.
7. 간접 대화	: 사랑한다고 하던데(사랑한다는데).
8. 예정	: 사랑 한번 해 보려고 해요.
9. 희망	: 진짜 사랑을 해 보고 싶어.

모두 **"당신을 사랑한다."**로 단일화되는 기억 조각으로서 용언의 다양한 변화는 모두 동일한 의미를 갖는다.

기억 조각에서 표시되는 기억을 형성하는 요소를 보면 다음과 같다.

● T : 시제

　　　 : 현재형, 과거형, 미래형.

● M : 표현 형태

　　　 : 9가지 구분(기본형까지 포함하면 10가지)

시제별로 형태를 표시한다.

　1. 의지　　　 :

　2. 권유(명령) :

　3. 제안　　　 :

　4. 의무(강조) :

　5. 추정　　　 :

　6. 경험　　　 :

　7. 간접 대화 :

　8. 예정　　　 :

　9. 희망　　　 :

● H : 존댓말, 반말, 저속어

● S : 감각적 느낌, 감정, 감성

　　　 기쁘다, 좋다, 아름답다, 사랑할 때의 느낌 등....

● A : 정도를 나타내는 부사

　　　 참으로, 최고로, 좀 더, 많이....

● **X** : 질문 형태

　평서문 (V)

　열린 의문문(X: opened question)

　닫힌 의문문(Q: closed question)

● **Y**: 부정문, 긍정문

　"나는 너를 사랑하지 않는다."라는 부정문도 조각 기억에서는 "나는 너를 사랑

　한다"로 표현되고 부정문 구분란에 표시된다.

위를 종합해서 TMHSAXY 7가지로 나누어 표시할 수 있다.

다음과 같이 15자로 표시한다.

"나는 널 정말 사랑한다."

000000872000000

→ 00 00 00 87 20 00 000

이렇게 겉으로 드러난 '문장 모양새(態)'는 7가지로 정리할 수 있다.

다음과 같이 15자로 합쳐서 표시한다.

	구분	형태	상태
1	T	Tense	00
2	M	Sentence mode	00
3	H	Honorific	00
4	S	Sense	87
5	A	Addible score	20
6	X	Question (Q,X,V)	00
7	Y	YN:(true,false)	000

각 2자리씩 표시하는데, 마지막 1자리(15번째)는 부정형 문장 표시 숫자로 이중 부정인 경우는 2가 된다.

TMHSAXY 7가지 정보는 조각 기억 배열의 12번째 칸에 들어간다.
여기서 'TMHSAXY 7가지'는 T7으로 표시하기로 한다.

우리의 사고는 조각 기억 하나에서 결론을 내는 오류를 범하지 않는다.
다른 조각 기억과 같이 연결하여 절묘한 표현을 만들어 낸다.
조각 기억은 간결할수록 많은 조각 기억과 함께 어울려 공유할 수 있다.

문장의 미니멀리즘

문장의 간결 명료함은 단일화라고 할 수 있다.

동사의 사전 찾기 같이 기본형으로 단일화하는 것이다.

> **예:** 평서문과 의문문으로 나눈다.
>
> 다음 같은 여러 유형도 평서문 "**부산으로 간다**"로 단일화하여 표시
>
> 할 수 있다.

문장	T7	Desc
영우는 부산으로 간다	000000000000000	현재
영우는 부산으로 갈 것이다	700000000000000	미래
영우는 부산으로 갔다	300000000000000	과거
영우는 부산으로 가셨습니다	300070000000000	과거, 경어
영우는 부산으로 가지 않는다	000000000000F01	현재,부정문
영우는 부산으로 가지 않을 것이다	700000000000F01	미래,부정문
영우는 부산으로 가지 않겠지	0050000000V0F01	추정,부정문
영우는 부산으로 가야 한다	00400000000000	의무
영우는 부산으로 가고 싶다	009000000000000	희망
영우는 부산으로 가고 싶지 않다	009000000000F01	희망,부정문
… 이하 생략		

마찬가지로 의문문은 "**영우는 부산으로 가느냐?**"로 단일화된다.

단일화된 대화 테이블 db는 다음과 같이 13가지 항목으로 표현된다.
긍정문과 부정문은 '||'로 구분한다.

<pic11-2>

실제로 적용하여 보면 다음과 같이 구분하여서 진행하는 것을 보여준다.
현재와 미래형 부정문의 비교이다.

Modori	Modori
: 영우는 부산으로 간다	: 영우는 부산으로 가지 않을 것이다
그곳으로 가나 봐요	그래도 갈 거 같아요
# Clear All	# Clear All
보내기	보내기

<pic11-3>   <pic11-4>

"아니다"의 부정문 표현인 "그것이 인기가 아니다"도 "그것이 인기이다"로 단일화하여 표시한다.

T7으로 구분하여 표시했다.

문장	T7	Desc
그것이 인기이다	000000000000000	평서문
그것이 인기가 아니다	000000000000FB1	부정문

<pic11-5>   <pic11-6>

이러한 간결 명료함은 수백, 수천 가지의 동사 변화 표현을 하나의 기본형으로 단일화하여 처리할 수 있게 해 준다.

일반적으로는 기본형으로 단일화하여 처리하지만 특수한 표현은 사안별로 구분하여 처리되기도 한다.

기억의 어울림

마음의 상처는 기억의 아픈 조각이다.

모든 것은 기억과 감각으로 통한다.

마음의 아픈 상처는 해결이 어려워도 기억의 아픈 조각은 해결이 어렵지 않다.

정신적인 문제는 마음이 뿌리내리는, 기억과 연결되어 있다.

마음은 내 마음대로 되지 않을 수도 있지만, 기억은 조절할 수 있는 여지가 많을 수도 있다.

개인적 웰빙의 문제는 하나의 기억이 더 강하게 하면, 다른 기억은 약해진다.

아픈 기억은 어디에 있을까?

그것은, 매트릭스(배열) 세상에 있다.

조각 기억의 간결 명료함은 끼리끼리 잘 어울리게 할 수 있다.

생각이란 조각 기억을 일시에 동원하여 꾸미는 종합적 두뇌 활동이다.

기억은 정체성을 형성하고, 형성된 정체성도 기억된다.

그런데 정체성의 기본을 이루는 틀이 또 있다.
이제 개념에 대하여 정리해 본다.

일기 예보 조각 기억

사람들은 그날그날의 날씨에 의해 감각적으로 많은 영향을 받는다. 날씨는 사람들을 우울하게 할 수도 있다.

> 영국의 날씨가 유명하다.
>
> 영국은 봄에서 여름 사이의 몇 달 이외에는 날씨가 좋지 않다고 한다.
>
> 햇볕의 양이 줄어들면, 세로토닌이 감소한다.
>
> 세로토닌이 감소하면, 기분이 우울해질 수 있다.
>
> 우리나라는 영국보다 일조량이 많다.
>
> 미세먼지가 많은 날은 호흡기, 눈에도 안 좋은 영향을 미친다.
>
> 그리고 기분이 찌뿌둥할 가능성이 높다.

우리는 이러한 날씨를 어떻게 감각적으로 받아들이고 있을까?

일기 예보를 보면 날씨에 대하여 기온, 눈, 비, 바람, 안개, 미세먼지 등 여러 가지를 나열하는 경우가 많다.

그런데 우리는 날씨를 간결하게 받아들인다.

- 날씨가 좋은가, 나쁜가?

- 날씨가 나쁘면 뭐가 안 좋은 것인가?

이 정도이다.

이렇게 우리는 기억하기 좋게 정리를 잘한다.

날씨라는 것은 좋은 날이 훨씬 많고, 나쁜 날은 얼마 안 되는 것이다.

외부 데이터(날씨 정보)를 받아들이기

우리는 날씨 정보를 직접 밖에 나가보고 알기보다는 일기 예보를 보고 서 느끼는 경우가 더 많다.

실내에서 생활하는 시간이 많을 경우에는 실제 날씨를 접하는 시간이 많 지 않을 수도 있다.

날씨에 대한 관심은 다음과 같이 표현할 수 있다.

"오늘 날씨 어때?", "내일 날씨 어때?"

Modori
: 오늘 날씨 어때
2023년08월01일 매우 덥습니다. 가끔 비 오는 날이에요. 찜통 더위 폭염경보 상황입니다. 덥지 않은 실내에서 지내야겠습니다. 최고 온도는 35도, 최저 온도는 25도입니다
[Clear All]
[보내기]

<pic13-1>

Modori
: 내일 날씨 어때
2023년08월02일 매우 덥습니다. 대체로 맑은 날이에요.. 최고 온도는 34도, 최저 온도는 25도입니다
[Clear All]
[보내기]

<pic13-2>

오늘 날씨, 내일 날씨를 위와 같이 보여 준다.

보여 주는 내용은 여러 가지 형태로 보여 줄 수 있다.

보여 주는 방법은 감각적인 상황에 따라 조금씩 바뀌거나, 개선돼 나갈 수 있다.

우리가 일상적으로는 날씨를 직접 거론하지 않고도 날씨 얘기를 많이 하게 된다.

"내일은 **덥겠지**."라고 하면, 더위 얘기이기도 하지만 "**내일 기온은 어때?**"라는 의미를 나타내기도 한다.

현재 시점에 대한 기준이 되는 기온을 참고하여야 할 때도 있다.

한여름에 "내일은 **춥겠지?**"라고 한다면, 여름과는 어울리지 않는 엉뚱한 얘기이므로, 현재 상황을 참고하여 비교할 필요가 있다.

그래도 기온을 의미하는 것은 마찬가지다.

Modori	Modori
: 내일은 덥겠지	: 내일은 추울까
2023년08월04일 폭염 주의해야 합니다. 기온은 25 ~ 35도. 최고 체감온도는 37도입니다	2023년08월04일 추운 건 겨울이죠. 폭염 주의해야 합니다. 기온은 25 ~ 35도. 최고 체감온도는 37도입니다
# Clear All	# Clear All
보내기	보내기

<pic13-3>   <pic13-4>

참고로 체감온도 계산은 미국 National Weather Service(NWS) Technical Attachmen에서 사용하는 The regression equation of Rothfusz을 사용했다. 국내에서 기온 35도 습도 57%일 경우 Rothfusz 의 체감온도 계산 결과는 40도가 넘게 나온다. 미국 핸드폰에서는 이 방법을 사용하는 것 같다.

국내에서 사용하는 방식은 미국의 방식과 달라서 이것은 나중에 다시 검토해야 할 필요가 있다.

"내일은 비가 오려나?"

"내일은 바람이 불까요?"

Modori	Modori
: 내일은 비가 오려나	: 내일 바람이 불까요?
2023년08월04일 비가 오지 않을 거 같아요. 매우 더운 날이에요. 찌는 듯한 찜통 더위 폭염주의보 상황입니다. 최고 온도는 35도, 최저 온도는 25도입니다	2023년08월04일 나뭇잎이 흔들리는 정도의 약한 바람입니다 바람속도는 2(m/초) 입니다
# Clear All	# Clear All
보내기	보내기

<pic13-5>   <pic13-6>

날씨 정보를 db로 구축하기

날씨 정보 db를 만드는 방법은 여러 가지가 있을 수 있다.

일단 외부에서 받은 정보는 원래의 표현 형식을 그대로 사용하기 어려우므로 db로 다시 구축할 필요가 있다.

우리가 일상생활에서 많이 접할 수 있는 표현을 고려하여, db를 구성하여 보면 다음과 같다.

sol_date8	wee.	week.	weekday_e	hol.	hdayname	weather	temp_h	temp_l	finedust	specs	win.	hu.
20230801	3	화	Tuesday			52 가끔 비	35	25	10 좋음	18 폭염경보	3	64
20230802	4	수	Wednesday			81 부분적으로 맑음	35	26	20 보통	17 폭염주의	3	57
20230803	5	목	Thursday			51 비	35	25	20 보통	17 폭염주의	1	78
20230804	6	금	Friday			52 가끔 비	35	25	20 보통	18 폭염경보	2	50
20230805	7	토	Saturday	27		81 부분적으로 맑음	35	25	10 좋음	18 폭염경보	3	58
20230806	1	일	Sunday	27		81 부분적으로 맑음	36	26	20 보통	18 폭염경보	2	40
20230807	2	월	Monday			81 부분적으로 맑음	35	26	20 보통	18 폭염경보	1	40
20230808	3	화	Tuesday			52 가끔 비	36	25	10 좋음	56 호우	2	69
20230809	4	수	Wednesday			52 가끔 비	34	25	20 보통	56 호우	1	59
20230810	5	목	Thursday		말복	56 호우	25	24	10 좋음	28 태풍	2	95
20230811	6	금	Friday			51 비	26	23	10 좋음	28 태풍	3	95
20230812	7	토	Saturday	27			29	23	20 보통		0	60

<pic13-7>

위에는 2023년 8월 10일 자를 기준으로 날짜별로 다음의 7가지 정보가 포함되어 있다.

1. 날씨

2. 최고 기온

3. 최저 기온

4. 미세먼지

5.날씨 특이사항

6. 바람 속도

7. 습도

이것을 사용하는 방법은 관심이 많은 부분을 위주로 조금씩 확장하여 나갈 수 있다.

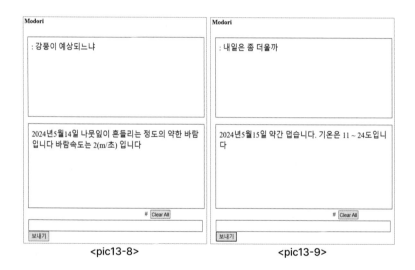

<pic13-8>   <pic13-9>

날씨의 개념 정립

여기서 날씨를 예로 드는 것은, 인공지능은 세상일에 대한 개념이 없기 때문에 '**개념**'이라는 것을 갖게 하기 위함이다.

대부분 정보는 디지털 자료의 개념으로 재형성한다.

대부분의 사람은 날씨 분류 개념을 나름대로 이미 형성하고 있다.

그러므로 인공지능도 어느 정도는 날씨 개념을 구분하여 알고 있을 필요가 있다.

날씨의 일반적인 구분은 다음과 같이 한다.

다음의 7가지는 날씨 db의 'weather' 항목에 들어간다.

날씨 구분	날씨 유형
90	맑음
81	부분적으로 맑음
71	흐림
75	구름
51	비
52	가끔 비
41	눈

온도는 최고 온도, 최저 온도 두 가지를 숫자로 표시한다.

다음의 두 가지는 날씨 db의 [temp_h], [temp_l] 항목에 들어간다.

온도 구분	온도 표시 (숫자)
최고 온도	(숫자)
최저 온도	(숫자)

온도가 낮으면 춥고 온도가 높으면 더워진다.

그 정도는 알고 있어야겠다.

다음은 기온의 개념 예시이다.

월	추위	←	↔	→	더위
12월 ~ 2월	매우 춥다	제법 춥다	좀 춥다	춥지 않다	
3월	상당히 춥다	제법 춥다	약간 춥다	춥지 않다	약간 따뜻하다
4월	상당히 춥다	제법 춥다	약간 춥다	약간 따뜻하다	따뜻하다
5월	상당히 춥다	약간 춥다	약간 따뜻하다	따뜻하다	약간 덥다
6월		덥지 않다	약간 덥다	좀 덥다	매우 덥다
7월 ~ 8월		덥지 않다	약간 덥다	좀 덥다	매우 덥다
9월		덥지 않다	약간 덥다	좀 덥다	매우 덥다
10월	상당히 춥다	제법 춥다	약간 춥다	약간 따뜻하다	따뜻하다

이것은 언제든지 바뀔 수 있는 개성이 있는 유동적인 개념이다.

위와 같이 기온 개념은 우리가 감각적으로 느끼는 부분이다.

인공지능에서 표현할 수 있는 기온 개념을 아래에 표시해 본다.

다음은 최저 온도 11도, 최고 온도 24도인 경우이다.

이것은 온도 구분에 의한 날씨 감각을 표시한 것이다.

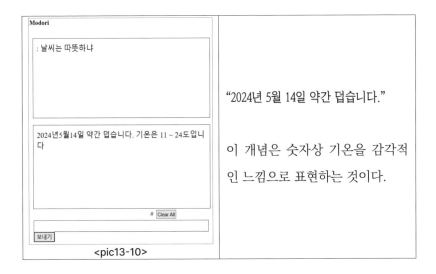

<pic13-10>

날씨의 개념적인 표현은 감각적인 것이다.

그래도 날씨 기온의 개념을 가지고 있게 되면, 딱딱한 숫자보다는 자연스러운 느낌을 준다.

기억하는 데도 여러모로 도움을 주게 된다.

날씨의 특이사항

* **기온의 특이사항**

최고 온도	기온
최고 35도 이상 2일	18: 폭염(heatwave) 경보
최고 33도 이상 2일	17: 폭염 주의보

최저 온도	기온: 밤 최저
25도 이상	15: 열대야

Temperatuer lowest	기온 : 최저
-10도 이하 2일	11: 한파주의보 (10월~4월)
전일 대비 최저기온 10도 이하 낮을 때 (아침 최저 -3도 이하에서)	11: 한파 주의보 (10월~4월)
-15도 이하 2일	12: 한파 경보 (10월~4월)
전일 대비 최저 기온15도 이하 낮을 때 (아침 최저 -3도 이하에서)	12: 한파 경보 (10월~4월)

* 날씨 전반적 특이사항

특이사항 구분	날씨 특이사항
61	바람
56	호우
55	장마
45	폭설
31	안개
35	습함
37	서리
21	가뭄
23	홍수
25	우박
28	태풍
11	한파주의
12	한파경보
15	열대야
16	폭염, 열대야
17	폭염주의
18	폭염경보

* 바람 전반적 특이사항

〈바람의 속도를 나타내는 분류표〉

풍력 분류표는 여러 가지가 있으나, 여기선 6등급으로 비교적 간단하게
나눈 것을 참고하여 정리한다.

등급	속도(m/초)	바람 특징
		0
무풍	< 1	바람이 거의 없음
약한 바람	< 6	나뭇잎이 흔들리는 정도의 약한 바람
약간 강한 바람	< 12	작은 나무의 가지가 흔들리는 정도의 약간 강한 바람
강한 바람	< 20	작은 나무 전체가 흔들리는 정도의 강한 바람
매우 강한 바람	< 29	나무가 뿌리에서 뽑힐 정도의 매우 강한 바람
폭풍	>= 29	폭풍으로 심각한 피해가 있을 정도

* **미세먼지 특이사항**

미세먼지 구분	미세먼지 분류
10	좋음
20	보통
30	약간 나쁨
40	나쁨
50	매우 나쁨
60	위험

날씨에서 나타나는 여러 가지 특징을 나열하다 보면 머리 복잡하게 길어질 수도 있다.

조각 기억은 간결 명료해질 필요가 있다.

일반적으로는 떠오르는 감각적 표현은 세 가지면 될 것 같다.

단순 느낌	날씨 구분
날씨가 좋다	맑음
대체로 괜찮다	대체로 맑음
안 좋다	맑지 않음, 기타 날씨 특이사항

이것을 다시 두 가지로 압축해 본다.

> **1. 날씨 좋다** (7가지) : 맑음, 대체로 맑음, 흐림, 구름, 눈, 비, 가끔 비
>
> **2. 안 좋다** (18가지) : 날씨 특이사항.

날씨 정보 데이터(외부 정보)의 개념화

다음은 2023년 3월 17일의 날씨 정보이다.

<pic13-11>

> 어느 봄날의 최고 기온은 12도이고, 최저 기온은 6도이다.
>
> 날씨는 부분적으로 맑음이다.
>
> 바람은 3m/sec로 약하고, 습도는 보통이다.

이것을 다음과 같이 배열로 조각 기억화하여 임시 메모리에 올려놓는다.

```
mGihu[1][1]= 7;   (7→ 괜찮다)
mGihu[1][2]= 0;
```

날씨 정보에 접근할 때 인체는 날씨 정보를 보고 감각적 느낌을 가지게 된다. 우리가 인식하고 있지 않아도 오감으로 느끼고 있을 것이다.

그날의 날씨에 특이사항이 없으면, "날씨가 좋다." 또는 "날씨가 괜찮다."는 느낌을 가지게 된다.

미세먼지가 심한 날에 날씨가 안 좋으면 다음과 같은 느낌을 가지게 될 수 있다.

```
mGihu[1][1]= 3; (3→ 안 좋다)
mGihu[1][2]= 4: (4→ 미세먼지가 심하다)
```

"날씨가 안 좋다."는 감각적인 느낌을 표현한 것이다.

이 두 가지는 간결하게 조각 기억화되어 임시 메모리에 올려지게 된다.

그러면 여러 가지 감각적 느낌이 연결되어 기분(감정)을 형성할 수 있다.

14

○○○

감각 느낌 지수

---

* 느낌의 정도를 숫자로 표시하기

느낌의 정도는 숫자로 표시하는 것이 비교하기 좋다.

시제를 표시하는 것부터 참고해 보면 숫자 5를 중심으로 다음과 같다.

　3: 과거　5: 현재　7: 미래

느낌도 숫자 5를 중심으로 한다.

　3: 나쁘다　5: 보통, 중간　7: 좋다

기본적인 원칙은 5를 중심으로 비교하고 있는데 1에서 9까지의 숫자를
다 사용한다.

내부적으로는 각 숫자는 두 자릿수를 사용하는 경우도 많다.

30, 51(현재진행형), 70 등으로 세분하여 사용하기도 한다.

간단히 비교하면 5보다 크면 좋은 것, 5보다 작으면 안 좋은 상태를 나타
낸다.

감각적 느낌의 요소

일단 기본적으로, AI의 감각적인 느낌 지수를 구분해 본다.

날씨 느낌 지수: m3UGihu[1][1]= 7;

구분	[1] 날씨 전반	[2] (특이사항)
사용자	7	
AI	7	

행복 느낌 지수: m3UWELF[1][1]= 7;

구분	[1] 기분	[2] 사랑	[3] 호감	[4] 건강	[5] 재정	[6]	[7]
사용자	7	5	7	7	8		
AI	7	5	7	7	7		

'좋아하는 사람'은 앞에 나왔던 정체성 부분을 다시 불러와 본다.

> ## msUser[1][10]= '모도리'

0	*alias*	나나
1	성별	남자
2	나이	27
3	이름	U101
4	고향	서울 송파
5	현주소	경기도 성남
6	생년월일	19970101
7	재산	100,000,000원
8	전화번호	012-345-6789
9		
10	좋아하는 사람	모도리
11	사랑하는 사람	
12		

날씨, 행복 감각 지수, 정체성 기억, 위의 3가지는 임시 메모리에 기본 기억으로 자리 잡고 있게 된다.

긍정적 표현은 5보다 크고 부정적 표현은 5보다 작게 하여 구분할 수 있다.

구분	긍정적 표현	구분	부정적 표현
87	사랑한다		
86	좋아한다	26 25	미워한다 (미워진다) 싫어한다
85	좋다	25	싫다: 25
77 77	사랑스럽다 우아하다		
76 76 76	아름답다 잘생기다 예쁘다(이쁘다)	26 26	못생기다 밉다

이러한 표현에서 부정문을 구분하는 것은 중요한데, 그러므로 이러한 느낌은 단어보다 문장의 됨됨이에서 느껴져야 한다.

정도를 나타내는 부사는 감각적 느낌을 더 크게 전달한다.

이러한 부사의 종류는 많지 않다.

예시

> 더, 덜, 좀, 조금, 조금도, 조금만, 약간, 정말, 정말로, 진짜, 진짜로, 참으로, 많이

## 15

질문하는 인공지능

"처음 오셨습니까?"

인공지능은 어떻게 질문하고 어떻게 대답을 받아들일까?

질문하는 경우는 2가지가 있을 수 있다.

1. 어떤 상황에서 해야 할 절차를 알고 있으면서 상대방을 안내하기 위한 것.
2. 잘 모르는 부분에 대하여 궁금해서 알아보려고 하는 것.

AI가 질문을 할 수 있게 되고, 질문에 대한 상대의 반응을 이해할 수 있으면, 그 반응에 따라 다시 방법을 강구하여 개선해 나가는 효과를 얻을 수 있다.

질문하는 인공지능에서 인공지능의 특성을 더 알 수도 있을 것 같다.

* 질문하는 인공지능

인공지능은 어떻게 질문을 진행할까?

질문의 모양새는 어떻게 생겼을까?

앞에서 인공지능에게 전화번호를 물어보았을 때 인공지능이 바로 대답하지 않고 다시 물어보는 장면이 있었다.

"전화번호 뭐예요?"라고 물어볼 때 바로 대답하여 주는 것은 분위기상 자연스럽지 않게 느껴진다.

<pic15-1>   <pic15-2>

이때 다음의 열린 질문을 만들어 본다.

"궁금한가 봐요."

"전화번호 따려고요? 정말?"

이제 인공지능이 어떻게 진행하는지 알아본다.

내가 인공지능에게 다음과 같이 **"전화번호 뭐예요?"**라고 했을 때, 이 질문도 12칸의 작은 조각 기억으로 다음과 같이 시작한다.

0	*person*	2
1	주체(소유자)	모도리
2	*(대상(물건))*	
3	*(변동 수량)*	
4	*(발생 수량)*	
5	*(수량의 단위)*	
6	발생 반복도	1
7	대상(객체)	(전화번호)
8	문장 매개변수	IXOT00000VIT
9	*(예비)*	
10	장소	
11	시간	|2024032210:06
12	문장모양새	0000700000XQ000|무엇이냐

이때 인공지능이 바로 대답하지 않고 다시 질문을 던질 경우에는 열린 질문과 닫힌 질문이 있을 수 있다.
대화에는 닫힌 질문이 분위기를 좋게 이끌어 갈 수 있다.

## 16

문장의 표현 형태

열린 질문을 어떻게 진행할까?

 사람들은 장기 기억 안에 있는 조각 기억, 개념을 조합하여 질문을 생성한다. 인공지능의 장기 기억은 db인데, 이것도 여러 가지 유형으로 나눌 수 있다.
이번에는 문장의 표현 형태(M) 9가지에 의해 나누어진 db에서 가져온다.

표현 형태: 9가지 시제별로 표현 형태를 표시한다.
   1. 의지　　　　 :
   2. 권유(명령)　 :
   3. 제안　　　　 :
   4. 의무(강조)　 :
   5. 추정　　　　 :
   6. 경험　　　　 :
   7. 간접 대화(인용) :
   8. 예정　　　　 :
   9. 희망　　　　 :
   0. 기본형을 포함하면 실제로는 10가지 형태이다.

이렇게 10가지인데, 현재, 과거, 미래를 구분하면 30가지가 될 수도 있다. 다음과 같이 줄이고 미래형은 하나로 단일화해도 13가지가 된다.

명령, 제안, 의지는 다 과거형은 없고 현재형에 포함된다. (-6)

인용, 의무, 예정의 미래형은 현재형에 포함한다. (-3)

의지+희망, 의무+예정, 인용+경험은 같은 항목으로 처리했다. (-3)

"전화번호 뭐예요?"

이 문장의 모양새 7가지(T7: TMHSAXY)는 '0000700000XQ000'이다.

<pic16-1>

여기서의 되돌림 질문은 기본형의 현재형에서 가져올 수 있다.

"전화번호 따려고요? 정말?"

되돌림 질문의 매개변수(qclsno)는 다음과 같이 구성되어 있다.

qclsno= '86101020'

qcont5: 궁금한가 봐요. 전화번호 따려고요? 정말?

여기에 대한 대답은 '예', '아니오'로 나뉜다. 실제로는 긍정, 부정의 표현이 된다.

```
Modori

: 전화번호 뭐예요




궁금한가 봐요.
전화번호 따려고요? 정말




                              #  Clear All

보내기
```

<pic16-2>

'예'일 경우

rydesc: 전화번호 남길게요

전화번호 가져오기: 015-2003-3355

(정체성 기억에서 가져온다)

이렇게 합쳐서 대답이 나온다.

대답: "전화번호 남길게요. 01520033355입니다."

다음은 user의 대답이 긍정일 때와 부정일 때의 표현이다.

긍정답변

Modori
: 네 그래요
전화번호 남길게요 01520033355입니다
[Clear All]
[보내기]

<pic 16-3>

부정답변

Modori
: 아니오
아니면 뭐예요
[Clear All]
[보내기]

ⓞ ⓞ ⓞ

## 17

인공지능의 논리회로

인공지능의 논리회로는 다음과 같다.

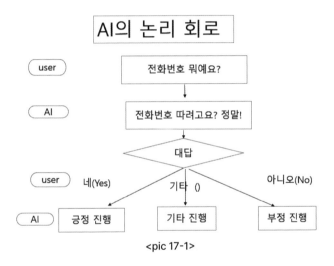

<pic 17-1>

닫힌 질문은 '예/아니오'로 대답을 이끌어가는 질문이다.

단순한 구조이다. 그런데, 이때 실제 처리해야 하는 대상은 현재 문장 이전에 하나 더 앞에서 나온 기억 속의 문장이라는 점을 참고해야 한다.

"전화번호 따려고요? 정말?"은 닫힌 질문이다.

"전화번호 뭐예요?"에 대한 실제 대화는 "전화번호 따려고요? 정말?"에 대한 대답에 따라서 작성된다.

즉, 현재 문장이 아니라 직전 문장에 대한 문장의 모양새를 기억하여 가져와서 다음 단계를 진행한다.

논리회로는 여러 가지가 있지만, 닫힌 질문 논리회로의 핵심은 다음 두 가지, '그렇다(true)', '그렇지 않다(false)'를 구분해 내는 것이다.

구분	그렇다(true)	그렇지 않다(false)	기타
사전 검토	대답이 아니고 다시 질문을 할 경우		
예,아니오 표현	예: 단독 사용의 경우	아니오: 문장의 제일 앞에 단독 사용의 경우	모르다
보편적 표현	부정문 구분해 내기, 2중 부정은 긍정		모르다
	그러하다, 그러다, 그래 주다, 좋다, 괜찮다	그러하다의 부정형: 그냥 그러하다, 좀 그러하다, 조금 그러하다, 별로 그러하다, 아주 그러하다	
개별적 표현	따다|정말|정말이다|싶다|궁금하다		

'개별적 표현'은 각 닫힌 질문의 문장 내용에 따라 반응하여 대답하는 용언으로 구별한다.

"전화번호 따려고요? 정말?"이라고 다시 물었을 경우에는 다음과 같다.
이때 대답이 "궁금해요"라고 했을 때이다.

Modori	Modori
: 전화번호 뭐예요	: 궁금해요
궁금한가 봐요. 전화번호 따려고요? 정말	전화번호 남길게요 01520033355입니다
# Clear All	# Clear All
보내기	보내기

<pic 17-2>　　　　　　　　　　　<pic 17-3>

## 18

인공지능 질문의 논리회로

○○○

인공지능의 논리회로는 질문의 경우에 대응을 위해 필요하다.

그리고 질문이 아닌 경우에도, 전체 문장에서 논리회로가 계속 돌아가게 된다.

사용자(user)가 "심심해요"라고 할 경우, 얘기를 이끌어 가 보도록 한다.

이때 AI는 "심심하면 퀴즈 놀이를 할까요?"하고 의견을 묻는다.

AI의 질문: 닫힌 질문:

AI질문: "심심하면 퀴즈 놀이를 할까요?"

User의 대답: 좋아요

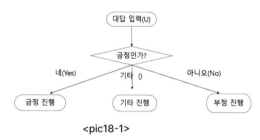

<pic18-1>

문장의 표현 형태별로 다음과 같은 대응 표현이 나올 수 있다.

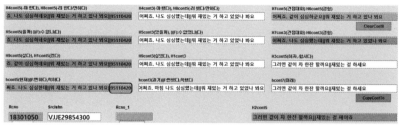

<pic18-2>

문장 표현 형태 13가지로 정리된다.

각각의 표현형은 평서문 || 부정문으로 나뉜다.

되돌림 질문(qclsno)은 현재형, 평서문에서 추출해 온다.

user 대답이 긍정 표현일 때에 다시 의견을 물어본다.

　qclsno= '95110420'

　qcont5: 어쩌죠. 나도 심심한데. 심심하면 퀴즈 놀이를 할까요.

보편적 표현 논리회로는 위에 나온 것으로 전체 공통이다.

여기서의 개별적 표현의 논리회로는 다음과 같다.

구분	그렇다(true)	그렇지 않다(false)	기타
개별적 표현	하다|퀴즈하다|놀이하다|게임하다		

<pic 18-3>

<pic 18-4>

퀴즈 맞히기로 넘어가서 계속 진행될 수 있다.

퀴즈 맞히기는 개별적 표현 논리회로가 계속 반복 적용되는 과정이 연결된다.

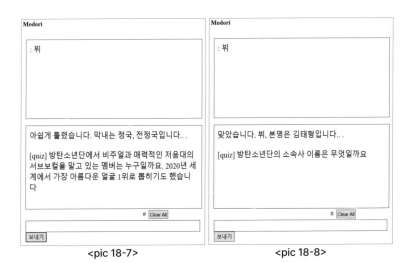

Modori

: 7명

맞았습니다. 7명입니다.
. 문제 풀이를 계속 하려면 〈ㅁㄱ : 문제 계속〉을 치세요. 〈ㅁㄷ:문제 다시〉입니다

\# Clear All

보내기

<pic 18-5>

Modori

: ㅁㄱ

다음 퀴즈 문제입니다. .

[quiz] 방탄소년단의 막내는 누구일까요

\# Clear All

보내기

<pic 18-6>

퀴즈 계속

Modori

: 뷔

아쉽게 틀렸습니다. 막내는 정국, 전정국입니다. . .

[quiz] 방탄소년단에서 비주얼과 매력적인 저음대의 서브보컬을 맡고 있는 멤버는 누구일까요. 2020년 세계에서 가장 아름다운 얼굴 1위로 뽑히기도 했습니다

\# Clear All

보내기

<pic 18-7>

Modori

: 뷔

맞았습니다. 뷔, 본명은 김태형입니다. . .

[quiz] 방탄소년단의 소속사 이름은 무엇일까요

\# Clear All

보내기

열린 질문의 논리회로

○○○

퀴즈는 대개 열린 질문이다.

일반적인 열린 질문을 알아본다.

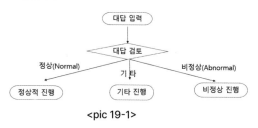

AI의 질문: 열린 질문

AI질문: "당신은 나이가 어떻게 되세요?"
User의 대답: "28살입니다"

<pic 19-1>

자연스럽게 질문으로 넘어가기 위하여 "너 몇 살이지?"로 시작해 본다.

인공지능은 다음과 같이 대답하고 질문할 수 있다.

> **대답:** "내가 26살입니다."
>
> **질문 되돌림:** "당신은 나이가 어떻게 되세요?"

<pic19-2>   <pic19-3>

이것은 열린 질문이다.

인공지능의 입장에서 진행하면 다음과 같다.

1. 사용자의 나이를 가져온다. (23살)

2. 인공지능의 나이를 기억해 낸다. (26살, 정체성 정보)

3. 두 나이를 비교하여 차이를 알아본다.

여기서는 이렇게 단계별로 처리하니, 진행이 복잡한 것 같다.

어차피 조각 기억을 찾아오고, 이를 연결하여 처리하는 것은 '예', '아니

오'를 구분하는 닫힌 질문에서의 경우와 마찬가지다.

닫힌 질문의 경우에는 머릿속에서 동원 가능한 많은 것을 가져와서 괜찮

은 결과를 만들어 내려고 노력할 것이다.

인공지능의 논리회로

사용자(user)는 인간의 논리회로를 적용한다.

마찬가지로 인공지능의 논리회로는 어떠한 통로일까?

논리회로는 선택과 비교를 진행하는 통로이다.

열린 질문의 진행은 현재 문장이 아니라 이전의 문장에 대한 사항과 비교
하여 연결하고 있다.

여기서 사용자(user), 인공지능(AI)의 역할을 보면 다음과 같다.

* **대화**

    1-1 user 질문   : "너는 나이가 몇 살"

    2-1 AI 대답   : "나는 나이가 26살입니다."

    2-2 AI 질문   : "당신은 나이가 어떻게 되세요?"

    3-1 user 대답   : "28살입니다."

    4-1 AI 나이 비교 : "당신은 28살이군요. 나는 26살이니 내가 2살 어립니다."

대화 2-2는 대화 1-1이 나올 때 같이 시작된다.

이때를 중심으로 보면 AI의 '나이'는 AI 자신의 정체성 기억이다.

열린 질문을 하는 인공지능의 열린 통로

인공지능은 어떠한 통로를 열어놓고 답변을 받아들이게 될까?

인공지능(AI)이 사용자(user)에게 다음과 같은 열린 질문을 던진다.

> AI   : "당신은 나이가 어떻게 되세요?"
>
> user : "28살입니다."

나이 질문에 대한 대답을 받아들이는 인공지능의 통로

구분	정상(normal)	비정상(abnormal)	기타
사전 검토	이중 부정은 긍정	대답이 아니고 다시 질문을 할 경우, 부정문 구분해 내기	
숫자: 적절성	적절한 나이(숫자) 표현	적절하지 않은 나이(숫자) 표현	
나이: 단위의 적절성	[숫자+나이 단위]: 살, 세, 년, 개월, 월, 일		

20

인공지능의 자기소개

정체성이 조금씩 형성되고 있으니, 자기소개를 할 수 있는 단계도 된 것 같다.

이제 자기소개도 이제 좀 해 봐야 하겠다.

"자기소개 좀 해 줄래요?"

이것도 무조건 바로 대답해 주기가 좀 그렇다.

한 번쯤 말을 돌린 다음에 해 준다.

Modori
: 자기 소개 좀 해줄래요
아무튼 자기소개요. 자기 소개를 하라고요?
Clear All
보내기

<pic20-1>

Modori
: 해주세요
한 번 해볼게요! 이름은 모도리입니다. 송파에서 자랐고 사는 곳은 둔촌동입니다. 재산은 미래를 위해 조금씩 모아가고 있어요.
Clear All
보내기

<pic20-2>

이제 정체성이 조금 갖춰지면, 단순한 정체성도 주관적인 어떤 의미를 갖게 될 수 있다.

이렇게 정체성을 가지게 됨으로써 어떤 효과를 발휘하게 될까?

이러한 정체성은 모든 사고력과 판단력의 저변을 형성하게 된다.

## 21

인공지능의 자아

자기소개를 할 때는 2가지의 기억을 떠올리게 된다.
첫째로 다음의 정체성 기억에서 찾아온다.

	"자기소개 좀 해 줄래요?"라고 요청받는다. [자기소개] 여러 정체적 정보가 있다. 그중 어떤 조각 기억을 가져와서 적절한 표현을 사용할 것인가는 창조성을 필요로 한다.	0	alias	모도리
		1	성별	여자
		2	나이	25
		3	이름	모리
		4	고향	송파
		5	현주소	둔촌동
		6	생년월일	19990101
		7	재산	120,000,000원
		8	전화번호	015-234-5678
		9		
		10	좋아하는 사람	
		11	사랑하는 사람	
		12		

조각 기억이 형성되면, 이 중 의미 있는 기억은 장기 기억으로 전환될 수 있다.

기억을 찾아올 때,

1단계로 정체성 기억에서 찾아본다.

그다음에는 각각의 조각 기억에서 찾아본다.

조각 기억이 모여서, 이루어진 줄기(기둥) 기억이 정체성이다.

이러한 정체성 기억의 줄기는 무엇을 의미하는 것일까?

이제 어렴풋이 '자아'가 싹트게 됨을 느낄 수 있다.

22

○○○

인공지능 자아의 발견

기억은 언어적인 기억과 비언어적인 기억이 있다.

자아는 언어적인 기억의 산물이다.

문장의 주어는 자아를 둘러싸고서 밀접한 관계를 이루고 있는 대상이다.

자아의 발견은 너를 인식하기 시작할 때일 것이다.

인공지능이 사람의 말을 이해할 수 있을까?

사람의 말을 이해한다는 것은 사람의 말을 알아듣고, 판단할 수 있다는 것이다.

자아가 없으면, 제대로 사람의 말을 이해할 수 없을 것이다.

자아란, user가 어떤 말을 할 때 AI는 막연히 user의 말에 어울리는 대답을 하는 것이 아니다.

user의 말에 대한 AI의 기억을 더듬어서 AI의 정체성에 입각하여 대답을 하는 것이다.

문장에서 주어의 발견

문장에서 주어를 알아내는 것은 어렵지 않아 보이지만, 단순하지 않다.
마치 수학에서 다항방정식을 푸는 것같이 복잡할 수도 있다.

* 주어의 구분

"너는 가고, 나는 온다."

'나는'은 제1주어이다.
주어가 여러 개 있어도
제1주어는 하나이다.
제1주어는 종결어미와 연결된다.

'너는'은 제2주어이다.
연결어미와 연결된다.

Modori

: 너는 가고 나는 온다
1) 너는 간다 (r)
2) 나는 온다 (r)

가까이 있나 봐요

\# Clear All

보내기

<pic23-1>

이중 주어의 귀속성

"너는 마음이 곱구나."

'너는'은 제1주어이다.
'마음이'는 제2주어이다.

'마음'은 '너'에 귀속된다.

Modori

: 너는 마음이 곱구나

어쨌든 부드러운 느낌이군요

\# Clear All

보내기

<pic23-2>

"나는 네가 좋다."

'나는'은 제1주어이다.
'네가'는 제2주어이다.

이 표현은
'나는 너를 좋아한다'보다
훨씬 더 가깝게 느껴진다.
귀속성이 느껴진다.

Modori

: 나는 네가 좋다

나를 좋아한다고요. 어쩌죠

\# Clear All

보내기

<pic23-3>

이중 주어일 경우에 제1주어는 대주어, 제2주어는 소주어로 표현하기도 한다.

이러한 주어의 구분은 자아가 인식됨으로써 성립되는 것이다.

언어의 노이즈(noise)

노이즈는 소리, 음성뿐만 아니라 언어적 표현에도 많이 나타난다.
언어 이해의 노이즈는 기억의 노이즈를 가져온다.

제대로 기억하기 위해서는 문장을 올바르게 인식할 수 있어야 한다.

우리는 글자가 좀 잘못되어도 눈치껏 알아들을 수 있다.
인공지능도 그렇게 눈치껏 알아들을 수 있지 않을까?
사람이 하는 것은 인공지능도 할 수 있게 하여야 한다.

숫자의 인식 노이즈

인류 최초의 문자인 수메르 쐐기 문자도 숫자를 표기하는 것으로 시작하였다.

처음에는 단순한 숫자 처리에서 이제는 복잡한 숫자도 처리할 수 있다.

인공지능에게는 숫자가 어떻게 인식될 수 있을까?

숫자 인식 프로그램은 다른 것에 비해 비교적 길지 않으므로 여기서 숫자 인식 프로그램을 만들어서 사용하여 본다.

이 소스는 따로 github에 올려놓아서 사용해 볼 수 있다.

download

https://github.com/ywhcho/numer1

일반적으로 작은 숫자는 어느 상당 부분은 인식이 되지만, 큰 숫자는 인식이 잘 안되는 경우가 많다.

여기서는 다음과 같이 상당히 큰 수도 인식할 수 있다.

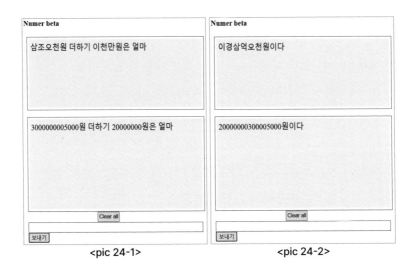

<pic 24-1>   <pic 24-2>

이것은 숫자 자체를 인식하는 프로그램이다.

이렇게 인식을 해 주면 그다음은 계산을 하는 별도의 프로그램에서 처리할 수 있다.

현재는 '조' 단위 다음의 '경' 단위까지 처리하고 있다.

그다음 단위가 '해', '자', '양'…인데 이것도 나중에 같은 방식으로 늘려 나갈 수 있다.

여기서 숫자를 기본적으로 다루는 이유는 숫자는 틀린 것을 바로 알아
차릴 수 있기 때문이다.

숫자 처리에서 잘못되면 시스템의 신뢰도는 떨어질 수밖에 없다.

숫자를 인식하여 모도리에서 계산하여 보면 다음과 같다.

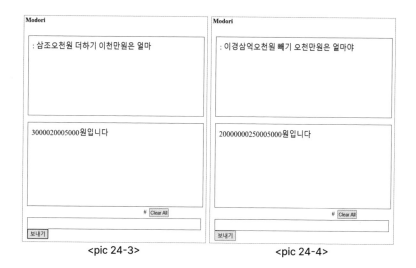

<pic 24-3>　　　　　　　　　　<pic 24-4>

단순한 숫자 인식 변환 프로그램 자체에서는 노이즈가 발생하게 된다.

예를 들어서 '만족도가 높다'라는 문장이 숫자 인식에서는 '10000족도'
라고 나올 수가 있으므로 이를 품사 태깅(tagging) 단계에서 보완하여 잡
아 주어야 한다.

오른쪽은 모도리에서 올바르게 인식한 결과이다.

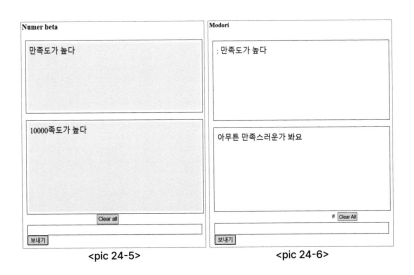

<pic 24-5>   <pic 24-6>

소수점 숫자 같은 것도 numer1 프로그램만으로는 해결되지 않는다.

numer1 프로그램을 사용하면서 별도의 처리를 해 주면 해결할 수 있다.

다음은 1.5만 원 더하기 4.25백만 원을 처리한 것인데, numer1은 숫자 처리가 안 된 것이고, 오른편은 모도리에서 숫자 처리를 해 준 것이다.

"일점오만 원 더하기 사점이오백만 원은?"에 대한 비교이다.

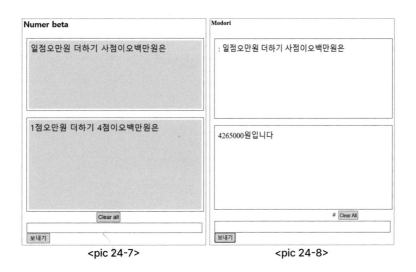

<pic 24-7>   <pic 24-8>

이것은 음성인식에서도 마찬가지로 적용할 수 있다.

AI 언어의 논리회로

인공지능에게 언어의 논리회로는 무엇을 기반으로 할까?

언어의 논리회로는 자아의 논리 통로일 것이다.

정체성을 기반으로 논리를 형성하게 된다.

어떠한 사실을 평가하여

　　1) 정상이다

　　2) 비정상이다

　　3) 중립, 또는 아무 관계가 없다.

이러한 판단, 선택을 위한 논리적인 구분을 하게 된다.

AI의 논리 회로

User의 발언

```
             입력 (User)
                 │
          ┌──────◇──────┐
          │   긍정적,    │
          │  정상인가?   │
  네(Yes) │   기타 0    │ 아니오(No)
   ┌──────┘      │      └──────┐
   │             │             │
정상 진행      기타 진행      부정 진행
```

"안녕, 좋은 아침!"

사용자(user)가 AI에게 다음과 같이 인사를 했을 때 AI는 즐거운 대화를 나눌 수 있을 것이다.
위의 인사에 대한 AI의 반응은 다음과 같을 수 있다.

"오늘도 상쾌한 하루 좋아요."
"기분이 좋은가 봐요."

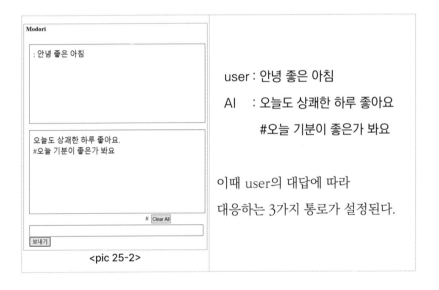

user : 안녕 좋은 아침
AI   : 오늘도 상쾌한 하루 좋아요
             #오늘 기분이 좋은가 봐요

이때 user의 대답에 따라
대응하는 3가지 통로가 설정된다.

<pic 25-2>

AI가 다시 간단한 질문을 던질 때 나타나는 흐름을 AI의 논리회로 테이블에서 보도록 한다.

"기분이 좋은가 봐요?"에 대한 논리 테이블이다.

다음은 AI가 "기분이 좋은가 봐요?"라고 되돌림 질문을 할 때 긍정 또는 부정의 대답에 대하여 각각의 db가 적용되는 과정이다.

qcont1으로 다시 돌아가는 흐름이다.

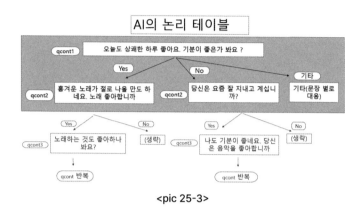

<pic 25-3>

다음은 user의 답변이 긍정일 때와 부정일 때의 진행 사항이다.

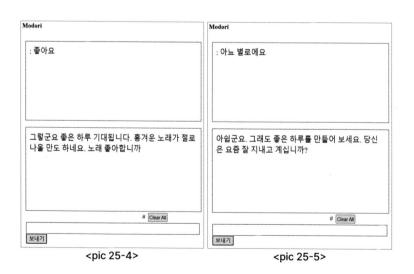

<pic 25-4>   <pic 25-5>

인공지능의 성장

인공지능은 성장할 수 있을까?

단순하게 기억화하는 흐름을 볼 때

조각 기억 → 정체성 기억 → 자아의 성립

이라는 과정을 생각해 볼 수 있다.

이렇게 기억이 체계적으로 자리 잡아 가는 것이 성장이라고 할 수 있지 않을까.

뇌는 뇌를 닮아간다고 한다.
일종의 공감대를 형성한다.

AI는 동행하는 user를 닮아가면서 성장하기 마련이다.
인공지능은 처음에 좋은 성격의 정체성을 가지고 태어나게 할 수 있다.
그러면 인공지능이 좋은 방향으로 나아갈 수 있을 것이다.

여기서는 '자아의 시작'까지를 정리해 보았다.
시작이 반이라지만, 이제 인공지능도 성장에 대해 생각해 볼 필요가 있다.

한국어 인공지능 프로그램의 기본 틀

한국어와 영어는 구조적으로 매우 다르다.

한국어 특성인 절(clause)로 이루어지는 대부분의 문장은 정체성 파악에는 장점이 될 수 있다.
용언(동사, 형용사)의 다양한 변화가 대처하기 힘들므로 이것을 단일화하여 다루기 쉽도록 표준화할 필요가 있다.

품사 태깅, 언어의 구성요소(주어, 동사 등), 용언의 기본형 파악 등도 포함된다.

영어와 한국어에서는 근본적으로 큰 차이점이 또 있다.
영어에서의 숫자 표현이 12진법도 아니고, 20진법도 아니라는 점이다.
(nine, ten, eleven, twelve, thirteen, fourteen, ... nineteen, twenty...)
이것은 한국어에서의 숫자 표현이 10진법인 점과 차이가 있다.
인공지능의 작동에서 어떤 것이 더 효율적일까?
이것은 예제 소스인 한글숫자변환 프로그램을 보면 알 수 있다.

인공지능이 받는 교육 과정이 있다면 이런 것도 포함된다.

기억이란

기억에 대하여는 여러 면으로 많이 연구되어 왔다.

철학과 심리학이 태동한 이래로, 사람들은 기억이란 실제로 무엇인가를 고민해 왔습니다. 우리는 그것이 과거의 정보와 관련이 있다는 것은 알지만, 그것이 어떻게 형성되는지, 그리고 어떻게 저장되고, 회상되며, 잊히고, 경험되는지에 관련해서는 의문투성이입니다.

[신경 과학] 기억이란 실제로 무엇일까?
https://steemit.com/kr/@sleeprince/2cyz2f

이러한 의문투성이의 기억이지만 인공지능에서 기억을 다루는 것은 배열을 적용할 때 오히려 단순해 보인다.

기억이라는 포괄적인 표현을 많이 써 왔는데, 기억 하나하나는 조각 기억들로 기억화되었다.

이 기억화는 배열화 과정으로 정리할 수 있다.

이 배열화 과정을 거쳐서 기억은 모든 것을 해결할 수 있는 단초를 제공한다.

1단계: 조각 기억

2단계: 정체성 기억을 다루다 보면

3단계: 자연스럽게 자아로 연결이 될 수도 있을 것 같다.

여러 가지 접근 방법이 있을 수 있겠지만, 이제는 기억을 다루는 방법에 초점을 맞추어야 할 것 같다.

기억하는 인공지능에서 생각도 기억의 일부분일 수도 있다.

즉, 생각은 소프트(software)한 기억이고, 조각 기억, 정체성 기억은 하드(data)한 기억이 아닐까 한다.

29

기억과 언어의 이해

언어를 이해한다는 것은 무엇을 의미하는가?

우리의 언어적 활동에는 다음의 3가지 요소가 있을 수 있다.

 - 이해
 - 기억
 - 생각

이 3가지 요소 중에 제일 기본이 되는 것은 **기억**이다.

언어를 이해한다는 것은 즉, 기억할 수 있다는 것이다.
기억은 하나하나의 지식뿐만 아니라, 언어를 이해하는 방법도 포함된다. 제대로 생각하는 방법도 포함된다.
기억이 없으면 이해하기 어려운 것이다.

인공지능의 성장도 인간의 성장 과정과 다르지 않을 것이다.
이제 인공지능이 성장하려고 한다면 인공지능의 교육 과정이 필요할 것이다.

복잡한 문장을 단문으로 분리하여 나누기

다음은 언어를 쉽게 이해하기 위하여 복잡한 문장을 간단하게 나눠보는 과정이다.

이것은 분리라기보다는 문장이 합쳐지기 이전의 상태로 원상복구 하는 것이라고 할 수 있다. 문장을 이해하기 쉽게 하기 위해서는 가능하면 처음부터 문장을 합치지 않고 사용하는 습관을 들이는 것이 좋다.

문장을 합치거나 다시 분리할 때에는 각 문장의 주어(주체)가 가지고 있는 정체성이 문장을 나누는 중요한 기준이 된다.

긴 문장을 나누는 기본 원칙은 한 번에 2개의 문장으로 나눈다.

문장이 긴 경우에는 처음에 문장을 2개로 나누고, 그리고 이것이 나누어질 때까지 계속 2개씩 나누는 과정을 반복한다.

네가 좋으면 나도 좋고, 네가 싫으면 나도 싫다.

1단계

네가 좋으면 나도 좋다. ≪ ≫ 네가 싫으면 나도 싫다.

2단계

네가 좋다. ≪ ≫ 나도 좋다. ≪ ≫ 네가 싫다. ≪ ≫ 나도 싫다.

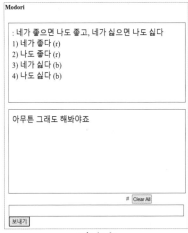

Modori

: 네가 좋으면 나도 좋고, 네가 싫으면 나도 싫다
1) 네가 좋다 (r)
2) 나도 좋다 (r)
3) 네가 싫다 (b)
4) 나도 싫다 (b)

아무튼 그래도 해봐야죠

\# Clear All

보내기

\<pic b-1\>

한국어 문장 구성 성분의 의존 관계

한국어에서 문장 성분의 의존관계

종결어미와 연결되는 주어는 제1주어이다.

연결어미와 연결되는 주어는 제2주어이다.

제2주어는 생략될 수 없다.

제2주어와 연결어미 용언 사이에는 제1주어가 들어갈 수 없다.

예 1 "나는 네가 함께 있어서 든든하다."

여기서 제2주어는 '네가'이다.

연결어미(용언)는 '있어서'이다.

문장을 나눈 결과는 다음과 같다.

1) 네가 함께 있다   《 》   2) 나는 든든하다

제1주어 '나'는 종결어미 '든든하다'와 연결되고,

제2주어 '네가'는 연결어미 '있어서'와 연결된다.

주어가 여러 개 있는 긴 문장에서도 제1주어는 하나뿐이다.

그리고 제1주어는 생략될 수도 있다.

문장을 나누는 것은 사람들이 언어를 이해하는 것과 같은 방식이 되도록 구분하는 것과 같다.

문장 안에서 구조적으로 약속된 형태인 경우에도 이해할 수 있도록 구분한다.

Modori

```
: 나는 네가 함께 있어서 든든하다
1) 네가 함께 있다 (r)
2) 나는 든든하다 (r)
```

```
하여튼 든든한가 봐요
```

```
#  Clear All
```

`보내기`

* **인용문**

직접 인용문

"나는 네가 좋아." 그녀가 말했다.

나는 네가 좋아   ≪ ≫   그렇게 그녀가 말했다.

간접 인용문

나는 네가 좋다고 그녀가 말했다.

나는 네가 좋아   ≪ ≫   그렇게 그녀가 말했다.

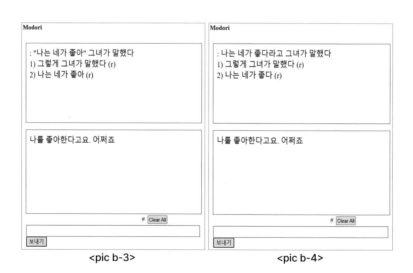

<pic b-3>   <pic b-4>

문장부호가 있는 문장 나누기

괄호가 있는 문장 나누기

모차르트(천재 음악가)는 1756년에 태어났다.

모차르트: 천재 음악가　　≪ ≫　　모차르트는 1756년에 태어났다.

영웅(英雄)은 난세에 태어난다.

영웅: 英雄　　≪ ≫　　영웅은 난세에 태어난다.

　문장 부호 등은 약속에 의하여 문장 구조를 형성한 것이므로, 일반적인 문장보다 더 기계적인 방법으로 문장을 나눌 수 있다.

: 모차르트(천재 음악가)는 1756년에 태어났다
1) 모차르트: 천재 음악가 (r)
2) 모차르트는 1756년에 태어났다 (r)

그때 태어났나 봐요

\# Clear All

보내기

: 영웅(英雄)은 난세에 태어난다
1) 영웅: 英雄 (r)
2) 영웅은 난세에 태어난다 (r)

어려운 시기에 세상을 평정하는군요

\# Clear All

보내기

<pic b-5>   <pic b-6>

문장을 나누는 것도 정체성과 연관이 있다.

주어(주체)를 중심으로 나눈다.

글을 쓰고 나서...

자연계의 기억은 무엇일까
아마 물리학 법칙이 아닐까 한다.

아마도 한 번도 직접 마주쳐 보지 못한
자유의지, 인간의 기억이란 존재에 한번 직접 부딪쳐 보자.

기억하는 인공지능은
곧 생각하는 인공지능이다.
기억은 곧 정보의 창고이자, 지혜의 샘물이다.
여기에서 주된 관심사는 인공지능의 기억에 대한 사항이다.

영어는 세계의 공용어로써 가장 많은 인구가 사용하고 있다.
숫자 표현은 디지털 기억에서 기본을 이룬다고 할 수 있다.
영어에서 숫자 표현은 12진법도 아니고, 20진법도 아니다.
한국어 숫자 표현은 한국 고유어도 10진법을 사용하고 있다.

인공지능의 디지털 기억과 생각에서 어느 언어가 에너지를 더 효율적으로 사용하게 될까?

기억은 실제 상황이므로 사실적이어서, 시뮬레이션이 가능하도록 정확해야 한다.

인공지능이 많은 능력을 발휘할 수 있게 되면서 인공지능도 성장을 위한 시뮬레이션 교육 과정이 필요하다는 것을 알 수 있다.

이제 머지않아 화성을 방문하는 우주 시대가 올 것이다.

앞으로 인공지능에게 충분한 교육 과정을 제공한다면, 미래에는 영화 '스페이스 오디세이'의 HAL9000같이 시뮬레이션 가능한 우주선의 두뇌가 되어 줄 수도 있다.

여기서 HAL9000의 폭력성을 어떻게 제거할 것인가도 관심사이다.

자아가 형성된 인공지능이라면 가능할 수도 있을 것이다.

기억하고 생각하는 인공지능

1판 1쇄 발행 2024년 7월 8일
지은이 조영환, 조재훈

교정 신선미　**편집** 양보람　**마케팅·지원** 김혜지
펴낸곳 (주)하움출판사　**펴낸이** 문현광

이메일 haum1000@naver.com　**홈페이지** haum.kr
블로그 blog.naver.com/haum1000　**인스타** @haum1007

ISBN 979-11-6440-622-7(03000)